Nachts an der Seine

Ein Wochenende in Paris

In Einfacher Sprache

Spaß am Lesen Verlag
www.einfachebuecher.de

Nachts an der Seine von Jojo Moyes
Gekürzte Fassung in Einfacher Sprache

Diese Ausgabe ist eine Bearbeitung des Titels *Nachts an der Seine* von Jojo Moyes.
Lizenzausgabe mit Genehmigung der Rowohlt Verlag GmbH, Hamburg.

Text Originalfassung: Jojo Moyes
Bearbeitung in Einfacher Sprache: Camilla van Heumen

ISBN 978-3-948856-84-7

Jojo Moyes

Nachts an der Seine

Ein Wochenende in Paris

In Einfacher Sprache

Schwierige Wörter oder Ausdrücke sind unterstrichen. Die Erklärungen stehen in der Wörterliste am Ende des Buches.

Inhalt

Im Bahnhof

Nell ist 26 Jahre alt.
Sie lebt in England, im Süden von Großbritannien.
Nell macht sich immer viele Gedanken.
Sie ist etwas schüchtern und oft ängstlich.
Doch nun will sie auch einmal etwas erleben.
Sie will mit ihrem Freund Pete für
ein romantisches Wochenende nach Paris fahren.
Paris liegt an der Seine.

Es ist Freitag-Nachmittag.
Nell ist jetzt am Bahnhof.
Der Bahnhof ist voller Menschen.
Unruhig geht Nell auf und ab.
Immer wieder schaut sie auf die große Uhr
in der Bahnhofs-Halle.
Sie ist sehr aufgeregt.
Ihr Herz schlägt wie wild.
Denn Pete ist noch nicht da.

„Pete kommt noch.
Er kann es immer noch schaffen",
murmelt Nell vor sich hin.

„Abfahrt des Zuges nach Paris in zehn Minuten
von Gleis zwei. Bitte gehen Sie zum Bahnsteig",
tönt es aus dem Lautsprecher.

Nell knabbert an ihrer Unterlippe.
Sie schreibt Pete eine SMS – es ist schon die fünfte.
Wo bist du? Der Zug fährt gleich ab!

Es kommt keine Antwort.
Nell überlegt:
Sitzt Pete vielleicht gerade
in der U-Bahn zum Bahnhof?
Dort hat er wohl keinen Handy-Empfang.

Endlich! Da kommt eine Nachricht:
Sorry, Babe. Hänge bei der Arbeit fest.
Werde es nicht schaffen.

Nell kann es kaum glauben.
Sie tippt in ihr Handy:
Du schaffst es nicht, den Zug zu kriegen?
Soll ich warten?

Sekunden später antwortet Pete:
Nein, fahr schon mal vor.
Ich versuche, einen späteren Zug zu nehmen.

Nell steht da wie erstarrt.
Aber wo sollen wir uns treffen?

Wieder kommt keine Antwort.
Was hat Pete vorhin geschrieben?

Hänge bei der Arbeit fest.
Pete arbeitet in einem Laden
für Wassersport-Ausrüstungen.
Jetzt ist es November.
Im November ist im Laden nur wenig los.
Wie kann er da bei der Arbeit festhängen?
Das kann doch nur ein Scherz sein, denkt Nell.

Vielleicht kommt Pete gleich
mit seinem breiten Grinsen in die Halle gerannt.
Nell wünscht sich das sehr.
Pete würde sie in den Arm nehmen
und sie auf die Wange küssen.
Dann würde er sagen:
„Meinst du etwa, ich lasse dich allein verreisen?
Immerhin ist es deine erste Reise
in die schöne Stadt am Fluss Seine."

Nell schaut sich im Bahnhof um.
Doch Pete taucht nicht auf.

„Sie müssen jetzt zum Bahnsteig",
sagt der Zugbegleiter zu Nell.

Eine Sekunde lang zögert Nell.
Dann tippt sie eine weitere Nachricht an Pete
in ihr Handy:
Am besten treffen wir uns in Paris im Hotel.

Auf dem Bahnsteig steht schon der Zug
mit dem Namen *Eurostar*.
Dieser Zug fährt rasend schnell
durch den Eurotunnel unter dem Meer
zwischen England und Frankreich.
Dadurch kommt er schnell von London nach Paris.
Das hat Nell gelesen.

Nell steckt ihre Fahrkarte ein und steigt in den Zug.
Sie verstaut sorgfältig ihren Koffer.
Dann setzt sie sich auf ihren Platz.

Während der Zug losfährt, denkt Nell
an ihre Freundinnen Magda, Trish und Sue.
Gemeinsam fahren sie einmal im Jahr ans Meer.
Das machen sie schon seit sechs Jahren.
Die Freundinnen quetschen sich für die Fahrt
dann alle gemeinsam in ein Auto.
Sie fahren in ein kleines Seebad an der Küste.
Dort wohnen sie in einem kleinen Hotel.
Zwei Tage lang machen sie dann nur das,
wozu sie Lust haben.

Keine von den Freundinnen hat jemals
eine Fahrt ausgelassen.
Aber dieses Mal hat Nell die Fahrt abgesagt.
Damit Nell mit Pete nach Paris fahren kann.
Pete hatte nur an diesem Wochenende Zeit.

„Was soll das heißen, du bist nicht dabei?
Das haben wir doch schon ewig lang geplant!“,
beschwerten sich die Freundinnen.

„Na ja, Pete hat mich nach Paris eingeladen“,
erklärte Nell.

„Pete fährt mit dir nach Paris?“
Magda starrte Nell ungläubig an.
„Pete – ist das der mit den langen Haaren?
Dein Pete?
Sorry, ich wollte nicht gemein zu dir sein.
Ich dachte nur, er wäre ein ziemlicher …“

„Loser“, ergänzte Sue hilfsbereit.
„Arsch“, fügte Magda noch hinzu und fragte:
„Müssen wir unsere Meinung ändern?
Haben wir den Blödmann etwa
falsch eingeschätzt?“

„Eine Einladung zu einem romantischen
Wochenende in Paris.
Das ist … also echt. Super!
Ich wünschte nur, es wäre nicht gerade
unser Wochenende“, bemerkte Trish.
Trish kann Pete ein bisschen besser leiden
als die anderen Freundinnen.
Allerdings auch nicht so sehr viel mehr …

Nell dachte damals noch:
Hoffentlich erfahren die anderen nicht,
dass ich die Fahrt bezahle.
Pete hat Nell nämlich gar nicht eingeladen.

Die Reise nach Paris hat Nell sorgfältig geplant.
So wie sie immer alles sehr genau plant.
Im Internet suchte sie nach den günstigsten Hotels.
Alle Ergebnisse trug sie in eine Liste ein.
Mit der Liste fühlte Nell sich gut vorbereitet.
Dann entschied sie sich für ein Hotel
hinter der Rue de Rivoli.
Das Hotel wurde als „sauber und sehr romantisch"
beschrieben.

Nell buchte zwei Übernachtungen
und kaufte zwei günstige Fahrkarten für den Zug.
Sie kaufte sich neue Unterwäsche.
Sie rasierte sich die Beine.
Sie lackierte ihre Fußnägel knallrot.
Sie wollte besonders hübsch sein
für ihr romantisches Wochenende.

Nell malte sich aus, wie es in Paris sein würde:
Mit Pete eng umschlungen im Hotelbett liegen.
Durch das Fenster den Eiffelturm sehen.
Später in einem Straßencafé ein Croissant essen.
Und dabei Händchen halten.

Nell war noch nie mit einem Liebsten
übers Wochenende weg.

Nells Mutter erzählt gern herum:
„Nell unternimmt nicht gern Abenteuer.
Sie ist nicht reiselustig.
Sie ist auch nicht besonders hübsch."

Nell findet es gemein von ihrer Mutter,
so etwas zu sagen.
Aber beschwert hat Nell sich bisher nie.

Über all das denkt Nell nach,
als sie im rollenden Zug sitzt.
Und dann denkt sie selbstbewusst:
Nein, ich bin anders, als ihr euch vorstellt.
Und ich werde ein wunderbares Wochenende
in Paris verbringen.

Dabei fühlt Nell sich gerade gar nicht gut.
Sie sitzt allein im Zug.
Und sie weiß nicht, ob ihr Freund noch auftaucht.

Ankunft in Paris

Zwei Stunden später kommt Nell
im Bahnhof von Paris an.
Auch hier ist viel los.
Überall drängen sich Menschen an Nell vorbei.
Alle scheinen sich hier auszukennen.
Nell hingegen fühlt sich etwas verloren
zwischen den vielen Bahnhofs-Läden.

Als Nell den Bahnhof verlässt, ist es schon dunkel.
Nell hat Angst, ihr Herz klopft.
Sie kennt Paris nicht und spricht kaum Französisch.

Dann sieht Nell einen Taxistand.
Davor warten bereits eine Menge Leute.
Aber das findet Nell nicht so schlimm.

Endlich ist Nell an der Reihe.
Sie nimmt den Zettel mit der Adresse vom Hotel
aus ihrer Handtasche.
Sie versucht, Französisch zu sprechen.
Der Taxifahrer tut aber so,
als würde er nichts verstehen.
Er zupft Nell den Zettel aus der Hand.
„Ah! Jetzt weiß ich, wohin Sie wollen“,
sagt er genervt.
Dann lässt er Nell einsteigen und fährt los.

Nell atmet erst einmal tief durch.
Während der Fahrt schaut sie nach draußen.
Paris ist genau so, wie Nell es sich vorgestellt hat.
An jeder Straßenecke gibt es ein Café
mit kleinen runden Tischen.
Die Frauen auf den Straßen
haben modische Kleidung an.
Die Leute küssen sich zur Begrüßung auf die Wange.

Plötzlich fühlt Nell sich sehr gut.
Sie denkt: Pete kommt zwar erst später.
Aber dann werden wir gemeinsam
über meine Unsicherheit lachen.

Pete hat schon oft zu ihr gesagt:
„Nell, du machst dir zu viele Sorgen.
Entspann dich."
Pete macht sich nie Sorgen.
Auch wenn es gefährlich wird, bleibt er locker.

Einmal fragte Nell:
„Pete, warum bist du eigentlich
mit mir zusammen?"

Pete antwortete:
„Du nervst nicht.
Es ist … entspannend mit dir.
Meine anderen Freundinnen reden zu viel."

An dieses Gespräch erinnert sich Nell,
als sie im Taxi sitzt.
Dann hält das Taxi vor dem Hotel
und Nell steigt aus.

Im Hotel

Das Hotel sieht gut aus.
Wird Pete es auch schön finden?, überlegt Nell.
Dann betritt sie das Hotel.
„Hallo“, sagt Nell aufgeregt
zu der Frau am Empfang.
„Ich habe ein Zimmer gebucht.“

Hinter Nell ist noch eine Frau ins Hotel gekommen.
Sie ist Amerikanerin.
„Ich habe auch ein Zimmer reserviert“,
sagt sie laut.
Nell geht ein wenig zur Seite.
Sie fühlt sich von der Amerikanerin bedrängt.

Die Frau am Empfang ist ungefähr 40 Jahre alt.
Sie hat dunkles, kurzes Haar.
An ihrer Bluse trägt sie ein kleines Schild
mit ihrem Namen: Madame Pauline.

Verwirrt schaut Madame Pauline
die beiden Frauen an und fragt:
„Sie haben beide ein Zimmer bei uns gebucht?
Darf ich mal Ihre Bestätigungen sehen?“

Madame Pauline überprüft die Zettel.
Dann blickt sie ratlos von einer Frau zur anderen.

„Ihre Buchungen sind in Ordnung.
Es gibt aber nur noch ein freies Zimmer."

Die Amerikanerin wird wütend
und zeigt auf ihre Bestätigung.
„Sehen Sie hier, ich habe letzte Woche
ein Zimmer bei Ihnen gebucht."
„Und ich schon vor zwei Wochen",
ruft Nell dazwischen.

„Es tut mir sehr leid.
Wir haben nur noch ein freies Zimmer",
sagt Madame Pauline.
Dann schlägt sie vor:
„Wollen Sie sich das Zimmer vielleicht teilen?
Sie müssen beide dann auch nur
die Hälfte bezahlen."

„Ich soll mit einer Fremden das Zimmer teilen?
Das soll wohl ein Scherz sein!",
ruft die Amerikanerin empört.
„Dann müssen Sie sich eben
ein anderes Hotel suchen",
antwortet Madame Pauline frostig.

Nell sagt: „Ich treffe mich hier mit meinem Freund.
Ich kann jetzt nicht woanders hingehen.
Dann weiß mein Freund nicht, wo ich bin."

„Und ich ziehe auch nicht in ein anderes Hotel“, sagt die Amerikanerin.
„Ich hatte einen anstrengenden Flug.
Nun muss ich zu einem Abendessen.
Ich habe keine Zeit,
mir ein anderes Zimmer zu suchen.“

Nell und die Amerikanerin starren sich an.
Schließlich schlägt Nell vor:
„Sollen wir nicht erst mal unser Gepäck
nach oben bringen?
Sobald mein Freund da ist,
sucht er für uns ein anderes Hotel.
Er kennt Paris besser als ich.“

Die Amerikanerin mustert Nell sehr genau.
Sie überlegt, ob sie Nell trauen kann.
„Also gut, einverstanden“, sagt sie schließlich.

Nell und die Amerikanerin gehen
in das gemeinsame Zimmer.
Nell stellt ihren Koffer in die Ecke.
Dann schreibt sie Pete eine SMS:
Bitte suche uns ein anderes Hotel.
Es ist schrecklich hier.
Ich warte auf dich.
Bist du pünktlich zum Abendessen da?
Ich habe großen Hunger.

Nell erhält keine Antwort.
Sie setzt sich still auf einen Stuhl.
Die Amerikanerin öffnet derweil ihren Koffer.
Dabei stöhnt sie herum.

„Sind Sie geschäftlich hier?“, fragt Nell höflich.
Die Amerikanerin sagt:
„Heute Abend habe ich einen Termin.
Morgen habe ich einen Tag frei.
Ich hatte in diesem Monat
noch keinen einzigen Tag frei.“
Sie sagt das so, als wäre Nell schuld daran.

„Tja, ich muss jetzt los.
Sie werden meine Sachen ja wohl nicht anfassen“,
meint die Amerikanerin.

Nell starrt die fremde Frau an.
„Ich rühre Ihre Sachen ganz bestimmt nicht an.“

Nell ärgert sich über die Amerikanerin.
Aber sie lässt sich nichts anmerken.
Nell schlägt ihr Notizbuch auf.
Sie tut so, als würde sie darin lesen.

Die Amerikanerin verlässt das Zimmer.
Genau in diesem Moment piept Nells Telefon.
Blitzschnell greift sie danach.

Pete schreibt:

Sorry, Babe, ich schaffe es nicht nach Paris.
Aber du hast sicher auch allein eine schöne Zeit.
Vergnüge dich gut, viel Spaß!

Auf dem Dach

Fabien ist ein junger Franzose.
Er sitzt auf dem schmalen Dach
über seiner kleinen Wohnung.
Hier sitzt er, wenn er nachdenken will.
Dabei trinkt er gern einen Kaffee.

Fabien schreibt an einem Roman.
Er hat schon 300 Seiten geschrieben.
Aber er ist unzufrieden.
Immer wieder entdeckt er Fehler in seinem Text.
Und Sachen, die ihm nicht gefallen.
Zum Beispiel findet er die Personen
in seinem Buch langweilig.

Fabien stellt seinen Kaffee-Becher
auf die Textseiten.
Damit die Blätter nicht wegwehen können.
Dann klettert er durchs Fenster in sein Zimmer.
Doch dabei rutscht er aus.

Fabien versucht noch, sich abzustützen.
Aber da ist es schon passiert:
Der Kaffee-Becher fällt um.
Alle Textseiten wehen davon.
Die weißen Blätter sehen aus wie Tauben,
die über Paris flattern.

Erinnerung

Seit einer Stunde liegt Nell auf ihrem Bett.
Sie starrt abwechselnd auf ihr Handy
und an die Wand.
Sie weiß nicht, was sie machen soll.
Sie weiß nur: Pete kommt nicht nach Paris.

Auf Pete kann man sich nicht verlassen.
Das hätte Nell wissen können.
Sie erinnert sich an den Abend vor einer Woche.
Nell hatte das Hotel in Paris gebucht
und Fahrkarten gekauft.

Als sie Pete voller Freude die Fahrkarten zeigte,
fragte er erstaunt:
„Du hast was getan?
Du hast mir eine Fahrkarte nach Paris gekauft?"
Dabei knöpfte er langsam Nells Bluse auf.

Nell antwortete:
„Ich habe UNS Fahrkarten nach Paris gekauft.
Ich dachte, ein Wochenende in Paris – das wäre
einfach schön."
Pete murmelte leise:
„Klar, Babe. Warum nicht? Nette Idee."
Dann zog er Nell auf sein Bett
und sie schliefen miteinander.

Als Nell sich jetzt an diesen Abend erinnert,
fühlt sie sich wie ein Dummkopf.
Ich habe Geld verschwendet, denkt sie.
Warum habe ich die Fahrkarten bloß gekauft?

Da piept Nells Handy.
Sie schaut auf den Bildschirm.
Ihr Herz schlägt ganz schnell.
Sie denkt:
Pete kommt doch noch!
Alles wird gut!

Aber dann ist es nur eine SMS von Magda.
Na, hast du Spaß mit Pete in Paris?

Blinzelnd schaut Nell auf den Text.
Plötzlich hat sie großes Heimweh.
Sie fühlt sich einsam.
Ach, wäre ich doch mit meinen Freundinnen
weggefahren, denkt sie traurig.
Trotzdem schreibt sie zurück:
Alles super, danke. Feiert ordentlich!

Danach schaltet Nell ihr Handy aus.
Sie will ihre Freundinnen nicht anlügen.

Vielleicht fährt ja noch einen Zug nach England,
überlegt Nell.

Aber es ist es schon fast 21 Uhr.
Die Züge nach England sind für heute alle weg.
Nell entscheidet sich, eine Nacht in Paris zu bleiben.

Dann überlegt sie, was sie jetzt tun soll:
Erst einmal etwas essen und danach schlafen.
Am nächsten Morgen kann sie dann
den ersten Zug nach Hause nehmen.
Das klingt nach einem vernünftigen Plan.
Schon fühlt Nell sich wohler.

Nell verlässt das Hotelzimmer und geht nach unten.
Sie versucht, locker und selbstbewusst auszusehen.
Am Empfang fragt sie Madame Pauline:
„Kennen Sie ein nettes Lokal?
Ich möchte eine Kleinigkeit essen."

Madame Pauline fragt:
„Meinen Sie ein Restaurant?
Möchten Sie gern ein richtiges Abendessen?"

„Es kann auch ein Café sein.
Das ist egal", antwortet Nell.
„Am besten wäre ein Lokal in der Nähe.
Eines, wo ich zu Fuß hingehen kann.
Oh, und ... ich will doch hier im Hotel übernachten.
Bitte teilen Sie das der Amerikanerin mit,
wenn sie zurückkommt."

Madame Pauline schaut Nell überrascht an.
Dann erklärt sie Nell, wo sie essen kann.
„Hier in der Nähe ist ein kleines Café.
Es ist sehr nett dort.
Man kann gut …"
Madame Pauline unterbricht sich.
Dann beendet sie den Satz doch:
„… allein dort essen."

Nell bedankt sich bei Madame Pauline
und verlässt eilig das Hotel.

Im Café

In dem Café ist viel los.
Aber Nell findet einen kleinen freien Tisch
und setzt sich.
Die Gäste im Café reden alle Französisch.
Und alle scheinen Spaß zu haben.

Nell fühlt sich sehr unwohl.
Sie ist es nicht gewohnt,
allein in einem Café etwas zu essen.
Sie schaut auf die Tafel über dem Tresen.
Auf der Tafel steht, was es zu essen gibt.

Dann kommt der Kellner an Nells Tisch.
Es ist Fabien, der junge Roman-Schreiber.
Er trägt eine lange weiße Schürze.
Er stellt einen Krug mit Wasser
vor Nell auf den Tisch.
Dann fragt er Nell, was sie essen möchte.

Nell antwortet hastig:
„Ich möchte bitte ein Steak mit Pommes."
Das Steak ist zwar teuer hier.
Aber Nell kann das Essen auf Französisch bestellen.
Das hat sie vorher leise geübt.
Sie will sich nicht lächerlich machen.
Nell hofft, dass der Kellner sie versteht.

Fabien erkennt trotzdem, dass Nell Ausländerin ist.
Er ist sehr freundlich und spricht Englisch mit ihr.
„Alles klar. Ich bringe Ihnen Steak mit Pommes.
Was wollen Sie dazu trinken, Madame?
Möchten Sie vielleicht ein Glas Wein?“

Nell hat eigentlich Lust auf eine Cola.
Aber sie flüstert: „Ja, bitte.“

Schon kurze Zeit später kommt Fabien zurück.
Er bringt etwas Brot und den Wein.

Langsam entspannt Nell sich.
Niemand achtet hier besonders auf sie.
Im Lokal sitzen auch andere Gäste allein am Tisch.
Eine Frau trinkt ein Glas Rotwein
und raucht eine Zigarette.
Ein Mann liest beim Essen die Zeitung.
Eine andere Frau plaudert mit einem Kellner.

Nell probiert den Wein.
Er schmeckt lecker.
Sie trinkt noch einen Schluck.
Dann kommt ihr Essen.
Das Steak sieht braun und knusprig aus.
Doch innen ist das Fleisch noch blutig.
Nell mag das eigentlich nicht.
Doch dann ist sie überrascht, wie gut das schmeckt.

Als Fabien abräumt, lächelt er Nell freundlich an.
„Das war gut, oder?“, fragt er.
„Wunderbar“, antwortet Nell.
„Danke … ähm, merci.“

Fabien gießt noch etwas Wein in Nells Glas.
Nell nimmt das Glas.
Doch sie ist ungeschickt.
Das Glas rutscht ihr aus der Hand.
Die Hälfte vom Wein spritzt auf Fabiens Schürze
und auf seine Schuhe.

„Oh, das tut mir wirklich leid!“, sagt Nell entsetzt.
Fabien seufzt und klingt etwas erschöpft.
Doch er sagt:
„Das macht nichts. Wirklich.“
Nell wiederholt:
„Es tut mir so leid. Ich …“
Fabien beruhigt sie:
„Nein, alles in Ordnung.“
Er lächelt Nell noch einmal kurz an
und verschwindet dann.

Nell ist knallrot geworden.
Die Sache ist ihr sehr peinlich.
Schnell holt sie ihr Notizbuch hervor
und blättert länger darin herum.
Sie hofft, dass niemand das Unglück bemerkt hat.

Die Nacht im Hotel

Inzwischen ist es 22 Uhr.
Nell geht ins Hotel zurück.
„Die Amerikanerin ist noch nicht zurück“,
bemerkt Madame Pauline.
„Danke für die Information“, murmelt Nell.

In ihrem Zimmer stellt Nell sich erst einmal
unter die Dusche.
Sie will ihre Enttäuschung über Pete abwaschen.

Dann legt Nell sich ins Bett und löscht das Licht.
Im Dunkeln lauscht sie
auf die Geräusche von draußen.
Sie hört Motorroller durch die Straßen knattern.
Auf den Fahrzeugen sitzen bestimmt
lauter fröhliche Franzosen, denkt sie.
So hört es sich jedenfalls an.

Am liebsten würde Nell jetzt
ihre Freundinnen anrufen.
Um ihnen zu erzählen, was passiert ist.
Aber dann entscheidet sie sich dagegen.
Sie will kein Mitleid.

Plötzlich geht die Tür auf.
Das Deckenlicht wird angeschaltet.

Die Amerikanerin kommt ins Zimmer.
Sie ist ein bisschen betrunken.
In frechem Ton sagt sie:
„Ich glaub es einfach nicht.
Ich dachte, Sie sind weg."

„Das dachte ich auch", erwidert Nell.
Sie zieht die Bettdecke bis zum Kinn hoch.
„Würden Sie das große Licht bitte
wieder ausschalten?"
Daraufhin meint die Amerikanerin genervt:
„Mir hat keiner gesagt, dass Sie noch hier sind."
„Tja, das bin ich aber", sagt Nell.

Die Amerikanerin wirft ihre Handtasche
auf den Tisch.
Verärgert sagt sie:
„Ich will keine Nacht mit einer Person verbringen,
die ich nicht kenne."
„Das will ich auch nicht", erwidert Nell.
„Die Situation gefällt mir gar nicht",
fügt die Frau hinzu.
„Dann schlafen Sie doch einfach woanders",
faucht Nell wütend.

Nach dem Streit ist es ganz still im Raum.
Nell ist traurig und müde.
Trotzdem kann sie nicht einschlafen.

Sie versucht, sich zu entspannen.
Aber auch das klappt nicht.

Um drei Uhr morgens steht Nell schließlich auf.
Sie geht zum Fenster und schaut nachdenklich auf die Straße.
Paris mit Pete hätte so schön werden können, denkt Nell traurig.
Dann legt sie sich wieder ins Bett.
Die Amerikanerin schnarcht laut vor sich hin.
Nell holt sich Ohrstöpsel aus ihrem Koffer.
So ist es leiser.

In acht Stunden bin ich wieder zu Hause, tröstet Nell sich selbst.
Dann schläft sie endlich ein.

Gespräch unter Freunden

Fabien sitzt in der Küche vom Café.
Er sieht zu, wie Emil die großen Pfannen schrubbt.
Emil ist sein Freund.
Emil arbeitet auch hier im Café.

Fabien ist traurig.
Ein Großteil von seinem Romantext ist weg.
Er hat zwar einige Seiten wiedergefunden.
Aber die sind alle ganz verschmiert.

Emil will Fabien trösten und sagt:
„Hey, du bist doch Schriftsteller.
Da kannst du dir doch einfach wieder
einen neuen Roman ausdenken.
Aber du solltest besser einen Computer benutzen.
Dann könntest du den Text einfach
noch mal ausdrucken.“

Doch Fabien lässt sich nicht trösten.
„Ich bin ein Idiot“, jammert er.
Warum habe ich die Seiten nur
mit aufs Dach genommen?
Sandrine hat mich immer ermahnt,
besser aufzupassen.“
Sandrine war die Freundin von Fabien.
Aber Sandrine hat Fabien verlassen.

„Jetzt bloß keine Geschichten über Sandrine“,
unterbricht Emil ihn.
„Ich will nichts über sie hören.“

„Was soll ich denn nur machen?“, fragt Fabien.
„Du musst es einfach noch mal versuchen“,
meint Emil.
„So lange, bis es klappt mit dem Roman.“

„Aber, was reden wir über dein Buch“,
meint Emil dann.
„Du muss mal wieder weggehen.
Etwas trinken gehen, tanzen ...
mal wieder Frauen kennenlernen.
Dann fällt dir auch eine neue Geschichte ein!“

„Ich weiß nicht“, zweifelt Fabien.
„Ich bin nicht in der Stimmung,
um etwas zu unternehmen.“
„Dann bring dich in die richtige Stimmung!“,
fordert Emil ihn auf.

Emil spült die letzte Pfanne ab.
Bald hat er seine Arbeit erledigt.
„Morgen unternehmen wir zwei was“,
schlägt er vor.
„Wir gehen zusammen ein paar Bier trinken.
Was sagst du dazu?“

„Ich weiß nicht …“, sagt Fabien.
Emil antwortet:
„Was willst du denn sonst machen?
Willst du einsam in deiner Wohnung rumhocken?
Ich bin doch dein Freund!
Komm schon, wir feiern ein bisschen.
Wir machen etwas Aufregendes.
Du musst etwas erleben.
Dann klappt es auch mit dem Schreiben wieder.“

„Mal sehen“, murmelt Fabien.
„Ich überlege es mir.“

Fahrkarte umtauschen?

Es ist Samstagmorgen.
Als Nell aufwacht, fühlt sie sich wie zerschlagen.
Sie weiß zuerst gar nicht, wo sie ist.

Nell blickt zu der Amerikanerin hinüber.
Doch deren Bett ist leer, die Schranktür steht offen.
Schnell schaut Nell zu ihrem eigenen Koffer.
Dann seufzt sie erleichtert.
Ihr Koffer steht noch da.

Nell schaut auf ihr Handy.
Es ist jetzt kurz nach 11 Uhr.
So spät schon?
Das kann nicht sein, denkt Nell.
Sofort ist sie richtig wach.
Eilig zieht sie sich an und läuft nach unten.

Madame Pauline ist wie immer am Empfang.
Sie begrüßt Nell freundlich:
„Guten Morgen, Madame."

„Guten Morgen", antwortet auch Nell.
Sie nimmt ihren ganzen Mut zusammen.
Dann sagt sie: „Ich habe überlegt, ob Sie ... ob ...
Also, ich muss meine Fahrkarte
für die Rückfahrt umtauschen."

„Soll ich das für Sie machen?“, fragt Madame Pauline.

„Ja, bitte. Ich muss heute noch nach England zurück. Es ist dringend. Es ist etwas mit meiner Familie“, erklärt Nell.

Madame Pauline verzieht keine Miene. „Natürlich“, sagt sie. Sie nimmt das Telefon und wählt eine Nummer. Dann spricht sie sehr schnell mit jemandem. Danach hört sie eine Weile zu.

Madame Pauline hält den Telefonhörer zu und erklärt Nell: „Also, alle Züge nach England sind ausgebucht. Erst um 17 Uhr ist wieder Platz in einem Zug. Und für die Rückfahrt müssen Sie eine neue Fahrkarte kaufen.“

„Wie viel kostet eine neue Fahrkarte?“, fragt Nell vorsichtig. Madame Pauline erkundigt sich und antwortet dann: „178 Euro.“

Was bin ich doch dumm, denkt Nell. Sie schämt sich.

Natürlich weiß sie:
Eine billige Fahrkarte kann man nicht
so einfach umtauschen.

178 Euro – das ist so viel Geld!
So viel Geld will Nell nicht ausgeben.
Um ehrlich zu sein:
So viel Geld KANN Nell gar nicht ausgeben.

„Ich möchte doch keine neue Fahrkarte kaufen",
sagt sie leise zu Madame Pauline.

Umschlag mit Eintritts-Karten

Nachdenklich geht Nell wieder in ihr Zimmer.
Soll ich eine zweite Nacht im Hotel bleiben?,
überlegt sie.
Plötzlich entdeckt sie einen Umschlag
auf dem Boden.
Sie hebt den Umschlag auf.
Darin sind zwei Eintritts-Karten
für eine Ausstellung.

Der Umschlag muss der Amerikanerin gehören,
denkt Nell.
Sie steckt den Umschlag in ihre Tasche.
Sie will später entscheiden,
was sie damit macht.

Dann duscht Nell.
Sie schminkt sich und kämmt sich ihre Haare.
Danach verlässt sie das Hotel.
Sie geht bis zur Rue de Rivoli.
Dort will sie sich die Geschäfte anschauen.

Vor einem Modegeschäft bleibt Nell stehen.
Im Schaufenster sieht sie ein grünes Kleid.
Darauf sind gelbe Ananas-Früchte aufgedruckt.
So ein schönes Kleid hat Nell noch nie gesehen.
Wie von einem Filmstar, findet sie.

Aber es ist sicher viel zu teuer für mich,
denkt Nell und spaziert weiter.

Nell weiß immer noch nicht, was sie nun tun soll.
Soll sie doch den Zug um 17 Uhr nehmen?
Es ist mein erstes Wochenende in Paris,
denkt Nell dann trotzig.
Ich will wenigstens den Eiffelturm sehen.
Vorher kann ich doch nicht nach Hause fahren!

Nell geht ins Hotel zurück.
Sie holt ihren Schlüssel aus der Tasche.
Dabei zieht sie auch den Umschlag
mit den Eintritts-Karten heraus.
Daran hat sie schon gar nicht mehr gedacht.

Schnell läuft Nell zu Madame Pauline.
„Entschuldigen Sie.
Wissen Sie, wohin die Amerikanerin gegangen ist?
Und wann sie wieder zurückkommt?“
Madame Pauline antwortet:
„Die Amerikanerin ist heute morgen
sehr früh abgereist.“

Nell zeigt auf die Eintritts-Karten und sagt:
„Diesen Umschlag hat die Amerikanerin
wohl im Zimmer verloren.
Was soll ich denn jetzt damit machen?“

Madame Pauline schaut auf die Karten.
„Oh, das sind Eintritts-Karten
für eine ganz besondere Ausstellung.
Gestern kam etwas darüber in den Nachrichten.
Die Leute stehen mehrere Stunden lang an,
um ins Museum zu kommen.
Die Ausstellung sollten Sie sich
unbedingt ansehen."

Nell schaut sich die Karten genauer an.
Leise murmelt sie: „Vielleicht mache ich das."

„Das ist eine gute Idee", meint Madame Pauline.
„Ach, und was ich noch sagen wollte:
Für die zweite Nacht hier müssen Sie auch
nichts bezahlen.
Damit möchten wir uns entschuldigen
für den Ärger, den Sie hatten."

„Oh, danke. Das ist nett", sagt Nell überrascht.
Und sie entscheidet sich,
tatsächlich eine weitere Nacht in Paris zu bleiben.

Im Museum

Fabien fährt mit seinem Motorroller durch Paris.
Unterwegs kommt er an einem Museum vorbei.
Dort sind zurzeit Bilder von Frida Kahlo
und Diego Rivera ausgestellt.

Frida Kahlo ist die Lieblings-Künstlerin
von Fabiens früherer Freundin Sandrine.
Fabien überlegt:
Wenn ich Sandrine mal treffe, kann ich sagen:
Stell dir vor, ich war im Museum.
Ich habe Bilder von Frida Kahlo gesehen.
Sandrine wäre bestimmt überrascht.

Doch Fabien weiß:
Es ist dumm, sich das vorzustellen.
Fabien und Sandrine haben sich
seit der Trennung nicht mehr gesehen.

Trotzdem will Fabien in die Ausstellung.
Vor dem Museum warten schon
sehr viele Menschen in einer Reihe.
Fabien stellt sich hinten an.

Plötzlich bemerkt Fabien eine junge Frau.
Es ist Nell.
Nell geht langsam ans Ende der Warteschlange.

Sie erschrickt, als sie die vielen Menschen sieht.
Dann bleibt sie neben einer Frau stehen.
In der Hand hält Nell die Eintritts-Karten.

„Entschuldigen Sie, sprechen Sie Englisch?“,
spricht Nell die Frau an.
„Ich möchte in die Ausstellung.
Muss ich mich hier anstellen?“
Doch die Frau zuckt nur mit den Schultern.

Fabien sieht die Eintritts-Karten in Nells Hand.
„Du hast doch schon Eintritts-Karten“,
sagt er auf Englisch.
„Dann musst du dich nicht anstellen.
Du kannst gleich zum Eingang gehen.“

„Oh“, sagt Nell und lächelt.
„Danke für die Information.“

Fabien schaut Nell genauer an.
„Warst du nicht gestern Abend bei uns im Café?“
Nell erkennt Fabien und erschrickt.
„Oh, du bist ja der Kellner“, sagt sie.
„Ich habe dich mit Wein bekleckert.
Das tut mir wirklich sehr leid.“

„Macht nichts, das kann schon mal vorkommen“,
erwidert Fabien freundlich.

Nell geht in Richtung Eingang.
Dann dreht sie sich noch einmal um.
Sie geht wieder zu Fabien.
„Wartest du auf jemanden?“, fragt sie.
„Nein.“
„Möchtest du ... möchtest du vielleicht
eine Karte haben?
Ich habe nämlich zwei“, sagt Nell.

„Brauchst du die nicht?“, fragt Fabien.
„Nein, ich habe eine zu viel“, erwidert Nell.

Fabien sieht Nell an.
Er wartet auf eine Erklärung,
aber Nell sagt nichts mehr.
Da nimmt Fabien die Eintritts-Karte
und bedankt sich.

Gemeinsam gehen sie zum Eingang vom Museum.
„Machst du hier Ferien?“, fragt Fabien.

„Nein, ich bin nur übers Wochenende da.
Ich hatte einfach Lust, mal wegzufahren“,
antwortet Nell.

„Einfach den Koffer packen und los,
ohne lange zu überlegen.
Das ist eine tolle Idee“, meint Fabien.

Doch für Nell war es überhaupt nicht einfach,
nach Paris zu fahren.
Das sagt sie aber nicht.

„Arbeitest du ... jeden Tag im Café?",
will Nell von Fabien wissen.
„Meistens. Eigentlich will ich
ein guter Schriftsteller werden," antwortet Fabien.
Dabei schaut er verlegen auf den Boden.
„Aber ich bleibe wohl mein Leben lang Kellner."

„Oh nein!"
Nells Stimme klingt plötzlich klar und kräftig.
„Du wirst bestimmt ein guter Schriftsteller.
Die Gäste im Café erzählen doch oft etwas
aus ihrem Leben.
Da kannst du sicher eine Menge Ideen
für einen Roman sammeln."

Fabien zuckt mit den Schultern.
„Das Schreiben ist nur ein Traum.
Ich weiß nicht mal, ob es ein guter Traum ist."

Am Eingang verabschiedet Nell sich von Fabien
und geht ins Museum.
Fabien ärgert sich:
Ich habe sie nicht mal gefragt, wie sie heißt.
Dann geht auch er in die Ausstellung.

Fabien ist sofort begeistert von den großen,
farbigen Bildern von Diego Rivera.
Auch die Bilder von Frida Kahlo beeindrucken ihn.
Vor einem kleinen Bild von Frida Kahlo
bleibt Fabien stehen.

Frida Kahlo hat sich auf dem Bild selbst gemalt.
Sie sieht sehr traurig aus.
Fabien weiß, dass Frida Kahlo
einen schlimmen Unfall hatte.
Sie hat bestimmt sehr gelitten, denkt Fabien.

Bevor Fabien in den nächsten Raum geht,
dreht er sich um.
Da entdeckt er Nell.
Sie steht vor dem kleinen Bild von Frida Kahlo,
das auch Fabien so beeindruckt hat.
Nell starrt das Bild an.
Eine Träne rollt über ihr Gesicht.

Ohne noch lange nachzudenken,
geht Fabien zu Nell.
„Ich … ich möchte dich etwas fragen.
Hast du vielleicht Lust auf einen Kaffee?
Ich würde mich gern für die Karte bedanken.
Ich kenne ein sehr nettes Café.
Dahin würde ich dich gerne einladen.
Also, wenn du Lust dazu hast, meine ich."

Nell überlegt, dann nickt sie.
„Ja, das wäre sehr nett“, antwortet sie.

„Wie heißt du übrigens?“, fragt Fabien.
„Nell. Und du?“
„Ich heiße Fabien.“

Zu zweit im Café

Inzwischen ist es 16 Uhr.
Fabien und Nell sind im Café angekommen.
Jetzt sitzen sie gemeinsam an einem kleinen Tisch.
Zunächst schweigen sie verlegen.

„Die Ausstellung war gut, oder?“,
fragt Fabien schließlich.
„Ich weine sonst nicht vor Bildern“, sagt Nell leise.
„Jetzt komme ich mir ein bisschen dumm vor.“

Doch Fabien beruhigt sie:
„Das brauchst du nicht.
Die Bilder sind sehr gefühlvoll.
Beim Anschauen habe ich auch ganz viel gefühlt.“
Während Fabien das sagt, klopft er sich auf sein Herz.

Nell findet es toll, dass Fabien so offen
über seine Gefühle spricht.
Das kennt sie von anderen Menschen nicht.

Dann sagt Fabien:
„Ich möchte gerne so schreiben,
wie Frida Kahlo und Diego Rivera malen.
Wer meinen Roman liest,
soll dabei auch starke Gefühle bekommen.
Als ob etwas knallt im Herz ... bouf!“

Nell lächelt.
„Findest du das zum Lachen?“,
fragt Fabien etwas verletzt.
„Oh, nein. Es ist nur … wie du das Wort aussprichst.
Dieses Wort gibt es im Englischen nicht.
Es ist … ich weiß auch nicht …
Es ist einfach ein lustiges Wort. Bouf!“

Fabien starrt Nell einen Moment lang an.
Dann lacht er laut auf.
„Bouf!“, ruft auch er noch einmal.

Das Gespräch zwischen Nell und Fabien
wird nun lockerer.
„Wie findest du Paris?“, fragt Fabien.
Nell erzählt: „Es gefällt mir.
Allerdings habe ich noch nicht viel von Paris gesehen.
Ich war noch nicht einmal
auf dem Eiffelturm oder an der Seine.
Leider habe ich dafür nun keine Zeit mehr.“

Fabien versucht Nell zu trösten.
„Du kommst bestimmt wieder.
Alle kommen wieder“, meint er.

Dann schaut er auf die Uhr.
„Mist, ich muss ja los.
Ich muss noch etwas erledigen.

Aber später gehe ich mit ein paar Freunden in eine Bar.
Hast du Lust, mitzukommen?", fragt er.
„Oh, das ist sehr nett von dir, aber ...", stammelt Nell.

„Bitte, Nell", meint Fabien.
„Ich möchte dich auf ein Glas Wein einladen.
Ich möchte mich damit für die Eintrittskarte bedanken."
„Ich weiß nicht ...", sagt Nell unsicher.
Doch Fabien strahlt sie freundlich an.

„Ist die Bar denn weit weg?", fragt Nell.
Fabien lacht: „Hier ist nichts weit weg.
Also, abgemacht.
Ich hole dich um acht Uhr im Hotel ab."

Nell gibt Fabien die Adresse von ihrem Hotel.
„Und wohin genau gehen wir heute Abend?", fragt sie unsicher.
„Mal sehen. Weiß noch nicht genau", antwortet Fabien und verabschiedet sich.
Dann hört Nell, wie Fabien mit dem Motorroller die Straße hinunterknattert.

Das grüne Kleid

Nell geht zurück in ihr Hotelzimmer.
Sie ist glücklich über den schönen Nachmittag.
Sie hat das Gefühl, ihr ganzer Körper zittert
vor Freude und von den vielen Eindrücken.
Sie fühlt sich wie eine Figur aus einem Roman.

Dann überlegt Nell, was sie am Abend anziehen soll.
Die Frauen in Paris sind alle so hübsch, denkt Nell.
Sie haben so schicke Sachen an.
In England ist das anders.

Und dann läuft Nell aus dem Hotel auf die Straße.
Sie geht wieder zur Rue de Rivoli.
Vor dem Modegeschäft von heute morgen
bleibt sie stehen.
Wieder betrachtet sie das schöne grüne Kleid
mit den Ananas darauf.

Mutig betritt Nell das Geschäft.
Dann kauft sie das Kleid,
ohne es anzuprobieren.
Erst in ihrem Hotelzimmer zieht sie es an.
Sie stellt sich vor den Spiegel und bewundert sich.

Doch dann wird Nell ernst.
Sie hat gar nicht mehr an Pete gedacht.

Das fällt ihr jetzt erst auf.
Ich muss verrückt und dumm sein, denkt sie.
Was tue ich hier nur?, fragt sie sich.

Ausrede

Nell rennt die Treppe hinunter.
Madame Pauline arbeitet wie immer am Empfang.
Sie blickt auf, als Nell zu ihr kommt.
„Nachher wird ein Mann kommen
und nach mir fragen“, sagt Nell.
„Bitte sagen Sie ihm, ich sei krank geworden.
Ich habe Bauchschmerzen.“

„Oh, das tut mir sehr leid“,
meint Madame Pauline.
„Wie sieht dieser Mann denn aus?“,
erkundigt sie sich dann.
„Er hat kurze Haare.
Er ist groß.
Er hat schöne Augen“, antwortet Nell.
„Aha, schöne Augen“,
wiederholt Madame Pauline schmunzelnd.

„Ich … nun ja, der Mann will heute Abend
mit mir ausgehen.
Und … das ist keine gute Idee“, stammelt Nell.

„Also finden Sie ihn nicht nett?“,
fragt Madame Pauline erstaunt.
„Oh doch, er ist sehr nett.
Es ist nur, na ja … ich kenne ihn eigentlich gar nicht.“

„Aber wie wollen Sie ihn kennenlernen,
wenn Sie nicht mit ihm ausgehen?“,
fragt Madame Pauline.
„Nun ja. Das weiß ich auch nicht.“
Nell bleibt unsicher auf der Stelle stehen.
Sie fühlt sich mal wieder sehr dumm.

„Sie haben ein sehr hübsches Kleid an“,
bemerkt Madame Pauline dann.
„Oh! Danke“, freut Nell sich.
„Ein Jammer, dass Sie Bauchschmerzen haben.“
Madame Pauline lächelt.
„Vielleicht klappt es ein anderes Mal
mit dem Ausgehen.“

Nell geht wieder in ihr Zimmer
und schaltet den Fernseher an.
Doch sie schaut nicht richtig hin.
Unruhig sieht sie immer wieder auf die Uhr.
Bald ist es acht Uhr.
Nells Magen knurrt, sie hat Hunger.

Dann holt Nell ihr Notizbuch hervor.
Sie beginnt, eine Liste zu schreiben.
Damit will sie sich beruhigen.

Sorgfältig schreibt Nell Punkt für Punkt auf ihre
Liste, was ihr alles einfällt.

Nach kurzer Zeit steht da:

Gründe dafür, heute Abend im Hotel zu bleiben:

1. *Fabien könnte ein Mörder sein.*
2. *Fabien will vielleicht nur Sex.*
3. *Vielleicht gehen wir in eine unsichere Gegend von Paris.*
4. *Mein Kleid ist doof.*
5. *Ich muss so tun, als wäre ich ganz locker.*
6. *Ich kann nicht gut Französisch sprechen.*
7. *Es ist besser, früh schlafen zu gehen. Dann bin ich morgen zeitig wach und kann nach Hause fahren.*

Nell starrt auf die Liste.
Dann überlegt sie:
Und warum sollte ich mit Fabien ausgehen?
Sie schreibt:

Gründe dafür, doch auszugehen:

1. *Ich bin in Paris.*

Nell stockt, mehr fällt ihr nicht ein.
Da hört sie draußen eine Turmuhr läuten.
Hilfe, es ist schon acht Uhr, denkt sie entsetzt.

Eilig steckt Nell das Notizbuch in ihre Tasche.
Sie schnappt sich ihren Mantel und rennt nach unten.

Fabien ist schon da.
Er spricht mit Madame Pauline.
Nell spürt, dass sie rot wird.
Ihr Herz schlägt schneller.
Was soll ich nur sagen?, überlegt sie aufgeregt.
Bestimmt hört sich alles wieder nur dumm an.

„Ah, das sind Sie ja“, sagt Madame Pauline zu Nell.
„Können wir los?“, fragt Fabien
und lächelt Nell liebevoll an.
Nell ist sehr gerührt und denkt:
Es hat sich schon lange niemand mehr so gefreut,
mich zu treffen.

Vor dem Hotel steht Fabiens Motorroller.
Nell hat noch nie auf einem Motorroller gesessen.
Sie zieht den Helm auf, den Fabien ihr gibt.
Dabei denkt sie:
Bitte, lieber Gott, lass mich nicht sterben.
Nell denkt an die Motorroller-Unfälle,
von denen sie gehört hat.

„Lass uns etwas trinken gehen“, schlägt Fabien vor.
„Aber zuerst zeige ich dir Paris, einverstanden?“

Nell nickt glücklich.
Sie schlingt ihre Arme um Fabiens Bauch.
Mit quietschenden Reifen fahren sie los.

Der Eiffelturm

Fabien und Nell sausen mit dem Motorroller
durch Paris.
Es ist hektisch auf den Straßen.
Fabien muss öfter Platz für andere machen.
Manchmal laufen Fußgänger einfach auf die Straße.
Dann hupt Fabien laut.

Öfter saust Fabien selbst blitzschnell
zwischen den Autos hindurch.
Das sieht gefährlich aus.
Nell schreit dann: „Oh mein Gott, oh mein Gott!"
Sie klammert sich fest an Fabien.

Fabien zeigt Nell berühmte Bauwerke und Kirchen.
Rasend schnell geht es danach weiter.
Dann jagt Fabien über eine Brücke.
Nell wagt kaum zu atmen.
Dort ist er: der glitzernde Fluss.
Das muss die Seine sein, denkt Nell begeistert.

Fabien fährt ein Stück am Ufer entlang.
Dann saust er auf die Prachtstraße von Paris:
die Champs Élysées.
An einer roten Ampel dreht Fabien sich zu Nell um.
„Alles klar bei dir?", fragt er.
Nell lächelt. „Ja!"

Schließlich hält Fabien an.
Nell erkennt sofort:
Das ist der berühmte Eiffelturm.
Sie staunt, wie groß das Bauwerk ist.

„Willst du auf den Turm hinauf?“, fragt Fabien.
Nell überlegt kurz.
„Lieber möchte ich jetzt etwas trinken.“

Dann gibt Nell zu:
„Vorher hatte ich wirklich Angst vor der Fahrt.
Aber es war einfach toll!“
Nells Augen leuchten.
Fabien freut sich.

In der Bar

Nell möchte gerne ein Glas Wein trinken.
Deshalb fährt Fabien zu einer Bar.
Dort treffen sie Freunde von Fabien:
Emil und Sascha.
Alle sprechen Englisch, damit Nell sie versteht.

Nell zieht ihren Mantel aus.
Sie lacht fröhlich.
Beim Lachen fallen ihr die Haare ins Gesicht.

Emil versucht, Nell ein paar
französische Schimpfworte beizubringen.
„Merde! – das bedeutet: Scheiße oder Mist",
erklärt er.
„Aber du musst das passende Gesicht machen."
Emil verzieht sein Gesicht,
während er „Merde!" sagt.
Nell versucht, das nachzumachen.
Dann muss sie lachen.
„Ich kann das nicht so gut", sagt sie.

Sie probieren noch andere Schimpfworte aus.
„Du schimpfst nicht sehr überzeugend",
meint Emil.
„Ich dachte,
alle Engländerinnen können gut fluchen."

Fabien beobachtet still, wie sehr Nell sich anstrengt.
Nell ist nicht so hübsch wie Sandrine, denkt er.
Aber ich mag Nell.
Ich mag, wie Nells Nase sich beim Lachen kräuselt.
Ich mag, wie Nell dabei etwas schuldbewusst guckt.
So, als würde sie etwas Unerlaubtes tun.

„Bouf!", ruft Nell und dreht sich zu Fabien um.
Fabien versteht sofort, was Nell ihm sagen will.
Nell findet Emil zwar lustig.
Aber eigentlich will sie heute lieber
nur mit Fabien zusammen sein.
Das liest Fabien in Nells Augen.

Fabien geht zur Theke
und bestellt Getränke bei Fred.
Fred ist Kellner in dieser Bar.
Fabien und Fred kennen sich gut.
„Endlich kommst du wieder auf andere Gedanken",
stellt Fred fest.
„Nell ist nur eine Bekannte aus England.
Sie ist zu Besuch hier," erwidert Fabien.
„Wenn du es sagst", meint Fred.

Dann sagt Fred:
„Übrigens, ich habe sie gesehen."
„Sandrine?", fragt Fabien überrascht.
„Ja. Sandrine hat eine neue Arbeit."

Fabien muss kurz schlucken.
An Sandrine hat er gar nicht mehr gedacht.
Dann sagt Fred noch einmal:
„Es ist wirklich gut,
dass du auf andere Gedanken kommst."
Jetzt versteht Fabien:
Sandrine hat wohl einen neuen Freund.
Aber es tut ihm nicht weh.

Nell erschrickt,
als Fabien mit den Getränken kommt.
„Ich dachte, du holst Wein."
Fabien erwidert: „Nun, ich finde,
jetzt ist der richtige Moment für Tequila.
Nur einen. Einfach so."
Emil fügt hinzu:
„Es ist Samstagabend und du bist in Paris, Nell.
Das wollen wir feiern."

Nell ist zuerst gar nicht einverstanden.
Aber dann saugt sie die Zitronen-Scheibe aus.
Sie kneift die Augen zusammen
und schluckt den Tequila schnell hinunter.
Dabei schüttelt sie sich und ruft: „Oh mein Gott!"

„Ist Nell ein normaler englischer Name?", fragt Emil.
„Es ist der schrecklichste Name,
den ich mir vorstellen kann", antwortet Nell.

„Meine Mutter hat den Namen
aus einem Roman von Charles Dickens."
„Der Name Nell ist doch gar nicht so schlimm",
erwidert Emil.
„Ich finde, Charles Dickens hat sich sonst
blödere Namen ausgedacht."

„Woher kennt ihr Charles Dickens?",
will Nell nun wissen.
Emil antwortet: „Wir lesen alle viel.
Aber Fabien liest von uns allen am meisten.
Deshalb hat er kaum Zeit, sich mit uns zu treffen.
Wie hast du es bloß geschafft,
dass er heute mitkommt?"

Nell antwortet nicht.
Sie hat gerade auf ihr Handy geschaut.
Jetzt erschrickt sie.
„Alles in Ordnung?", fragt Fabien.
„Ja, alles gut", sagt sie.
Aber dann fügt sie hinzu:
„Nein, es ist nicht alles gut.
Ich muss gehen. Es tut mir sehr leid."

„Du kannst doch jetzt nicht gehen, Nell!",
meint Emil.
Doch Nell greift nach ihrer Tasche
und ihrem Mantel.

Sie steht auf und sagt:
„Entschuldigt mich.
Ich muss ins Hotel zurück.
Dort wartet jemand auf mich.“

Fabien sieht Nell an.
„Du hast einen Freund?“, fragt er enttäuscht.
„Ja …“
Nell beißt sich auf die Lippe.
„Er ist im Hotel aufgetaucht“, erklärt sie.
„Soll ich dich hinfahren?“, fragt Fabien.
„Nein, nein. Ich gehe zu Fuß.“

Fabien begleitet Nell zur Tür.
Er erklärt ihr den Weg zum Hotel.
Nell kann Fabien erst gar nicht ansehen.
Dann schaut sie ihm doch in die Augen.
„Es tut mir wirklich leid“, sagt sie.
„Der Tag mit dir war sehr schön. Danke.“

Fabien zuckt mit den Schultern.
„Ist nicht so schlimm“, sagt er nur.
Aber er findet es doch sehr schade,
dass Nell weggeht.
Fabien überlegt, ob er Nell
nach ihrer Telefon-Nummer fragen soll.
Aber das ist jetzt wohl nicht der richtige Zeitpunkt,
denkt er.

Fabien hebt die Hand zum Abschied.
Nell sieht ihn noch einmal an.
Dann dreht sie sich langsam um
und rennt schnell weg.

Plötzlich steht Emil hinter Fabien und fragt:
„Was ist denn los?
Habe ich etwas Falsches gesagt?“
„Nein“, beruhigt Fabien ihn.
„Es hat nichts mit dir zu tun.“

Überraschung

Nell ist am Hotel angekommen.
Rasch geht sie hinein.
Pete wartet in der Eingangshalle.
Er sitzt lässig auf einem Sofa.
Er steht nicht auf, als Nell hereinkommt.
Er sagt einfach nur:
„Sorry, Babe! Überraschung!"

Nell bleibt wie erstarrt stehen.
Sie schaut zu Madame Pauline.
Die wirkt sehr beschäftigt.

„Was machst du hier?", fragt Nell.
Pete antwortet:
„Ich dachte, wir könnten wenigstens
eine Nacht zusammen in Paris sein.
Das zählt doch auch, oder?"

Nell bleibt einfach stehen.
„Aber du hast gesagt, du kommst nicht."
Pete erwidert: „Du kennst mich doch.
Ich mag Überraschungen.
Das Hotel sieht übrigens nett aus."

„Und du siehst toll aus, Nell", fügt Pete hinzu.
„Willst du mich nicht begrüßen?"

Nell geht zu Pete und gibt ihm einen Kuss.
Pete schmeckt nach Tabak.
„Entschuldige.
Ich ... ich bin ein bisschen überrascht", sagt Nell.

Nell kommt es so vor, als säße ein Fremder vor ihr.
Sie denkt: Wie ungepflegt Pete aussieht.
Er hat sich nicht mal rasiert.

„Soll ich meine Sachen abstellen,
und wir gehen dann etwas trinken?", fragt Pete.
„Wir können auch den Abend im Hotel verbringen.
Wir lassen uns einfach etwas zu essen bringen."
Pete grinst, als er das vorschlägt.

„Hier gibt es nur Frühstück",
bemerkt Madame Pauline etwas abfällig.
Sie scheint Pete nicht besonders nett zu finden.
Pete zuckt mit den Schultern und steht auf.
„Super Kleid übrigens, Nell. Sehr schick."

„Eins möchte ich aber wissen", hakt Nell nach.
„Wieso bist du jetzt doch gekommen?
Du hast geschrieben, du schaffst es nicht."

„Na ja ... Ich wollte dich hier nicht allein lassen",
antwortet Pete.
„Ich weiß ja, wie ängstlich du bist."

„Aber gestern hat es dir nichts ausgemacht,
mich allein zu lassen“, sagt Nell verärgert.

Pete wirkt verlegen. „Ja. Tja …“
„Tja … was?“, will Nell jetzt genauer wissen.
Pete kratzt sich am Kopf und lächelt.
„Na gut. Ich erzähle es dir.
Also, Trish hat mich angerufen.
Sie macht sich Sorgen um dich.“

„Trish hat dich angerufen?“, fragt Nell erstaunt.
„Nun ja, sie hat mir eine SMS geschickt.
Trish meinte, sie kann dich nicht erreichen.
Und ich soll herausfinden, ob es dir gut geht.“

„Was genau hat sie geschrieben?“, fragt Nell.
„Ist das nicht egal?“, meint Pete.
„Hör zu, ich bin jetzt hier.
Freust du dich nicht?
Morgen müssen wir schon wieder
nach Hause fahren.
Und meine Fahrkarte hat mich viel Geld gekostet.“

Pete streckt die Hand aus und sagt:
„Komm jetzt. Gib mir den Schlüssel fürs Zimmer.“
Nell gibt ihm nur ungern den Schlüssel.
Pete hängt sich seine Tasche über die Schulter
und geht die Treppe hinauf.

Da hört Nell, wie Madame Pauline sie ruft.
„Hallo, Sie haben eine Nachricht bekommen."
Nell dreht sich zu Madame Pauline.
„Von Fabien?", fragt Nell leise.
„Nein, eine Frau hat angerufen.
Ich habe aufgeschrieben,
was ich Ihnen mitteilen soll."
Madame Pauline gibt Nell die Nachricht.

Hallo Nell,
Pete ist auf dem Weg zu dir.
Ich habe ihm gesagt, er soll zu dir fahren.
Bitte entschuldige, ich habe mir Sorgen gemacht.
Ich hoffe, ihr habt ein romantisches Wochenende.
Liebe Grüße
Trish

Nell starrt die Nachricht an.
Dann atmet sie einmal tief durch.
„Können Sie mir ein Taxi bestellen?",
fragt Nell schließlich.
„Aber gern", antwortet Madame Pauline.
Sie sieht aus, als ob sie sich sehr
über Nells Entschluss freut.

Beinahe verpasst

Nell fährt mit dem Taxi zurück zur Bar.
In der Bar kann Nell zuerst nicht gut sehen.
Es ist so dunkel.
Alles sieht etwas verschwommen aus.
Fabien ist nirgendwo zu sehen.

Nell geht zur Theke.
Fred arbeitet immer noch dort.
„Entschuldigung! Ich war mit einem Mann hier.
Hast du ihn gesehen?“, fragt Nell.
Fred kneift die Augen zusammen.
„Meinst du Fabien?“, fragt er.
„Ja. Ja!“, stammelt Nell.
„Fabien ist schon weg“, sagt Fred.

„Merde!“, flüstert Nell enttäuscht.
Fred sagt: „Probiere es mal in der Bar *Chat Sauvage*.
Dort gehen Fabien und Emil meist noch hin.“

„Wo ist denn das *Chat Sauvage*?“, fragt Nell.
Fred erklärt es ihr.
Doch Nell versteht nichts.
Die Gäste in der Bar sind zu laut.

Nell geht auf die Straße und hält ein Taxi an.
„Bitte, fahren Sie mich ins *Chat Sauvage*.“

Doch der Taxifahrer kennt die Bar nicht.
Da spricht Nell drei junge Männer an,
die vor der Bar stehen.
„Entschuldigung! Kennt ihr das *Chat Sauvage*?“
Ein Mann nickt und fragt:
„Nimmst du uns mit,
wenn wir dem Taxifahrer den Weg zeigen?“

Nell mustert die drei Männer.
Sie sind betrunken, sehen aber freundlich aus.
„In Ordnung“, meint Nell.

Die Männer steigen zu Nell ins Taxi.
Jetzt ist es sehr eng auf der Rückbank.

Tanz auf der Theke

Emil und Fabien sind tatsächlich im *Chat Sauvage*.
Sie stehen an der Theke
und trinken zusammen ein Bier.

Emil klopft Fabien auf die Schulter und sagt:
„Los, noch ein Glas. Sag einfach ja."
„Nein, ich will nicht.
Ich bin nicht in der richtigen Stimmung",
meint Fabien.
„Vorhin warst du es aber. Komm schon."
„Danke, Emil, aber nach diesem Bier
verschwinde ich.
Ich muss morgen arbeiten.
Das weißt du doch", sagt Fabien.
Emil zuckt mit den Schultern.
„Dann eben nicht."

Fabien will an seinem Roman weiterschreiben.
Aber er ist immer noch unsicher,
ob sich die Arbeit an dem Buch lohnt.
Fabien ist außerdem enttäuscht,
dass Nell gegangen ist.
Er wollte sie gern näher kennenlernen.

Fabien verabschiedet sich von Emil
und verlässt die Bar.

Fabien hat Alkohol getrunken, und er überlegt:
Vielleicht ist es keine gute Idee,
jetzt Motorroller zu fahren.
Dann setzt er sich aber doch auf sein Fahrzeug
und fährt los.

Plötzlich hört Fabien einen lauten Pfiff.
Er hält an und dreht sich um.
Der Pfiff kam von Emil.
Emil winkt und zeigt auf jemanden.

Fabien erkennt sofort, auf wen Emil zeigt.
Es ist Nell!
Da lächelt Fabien und fährt schnell zurück.
Zusammen gehen Emil, Fabien und Nell
wieder in die Bar hinein.

Inzwischen ist es Nacht geworden.
Die Freunde und Nell haben viel Spaß.
Plötzlich hört Fabien sein Lieblingslied
und freut sich sehr.
Auch Emil mag das Lied.
Übermütig steigt er auf den Tresen
und beginnt zu tanzen.

Nell schaut zu.
„Ich habe noch nie auf einem Tresen getanzt“,
sagt sie zu Fabien.

„Nein? Dann mach es jetzt!“,
ermuntert Fabien sie.
Nell überlegt, ob sie das wirklich machen soll.
Doch dann legt sie ihre Hand auf Fabiens Schulter.
Fabien hilft ihr auf den Tresen hinauf.
Und Nell beginnt zu tanzen.
Sie schließt ihre Augen.
Sie wippt fröhlich im Rhythmus von der Musik
hin und her.

Fabien schaut einfach nur zu.
Er freut sich darüber, wie vergnügt Nell tanzt.
Da öffnet Nell ihre Augen.
Als sie Fabien entdeckt, lächelt sie ihn glücklich an.
Und Fabien lächelt glücklich zurück.

Vorlesen

Irgendwann hat Nell genug vom Tanzen.
Sie und Fabien verlassen das *Chat Sauvage*.
Arm in Arm spazieren die beiden durch Paris.
Sie haben kein Ziel.
Sie wollen einfach nur zusammen sein.

Nell hat in der Bar ihren Mantel vergessen.
Jetzt schmiegt sie sich enger an Fabien.
„Ich glaube, dir ist kalt.
Hier, nimm meine Jacke“, sagt Fabien.
Nell friert eigentlich nicht.
Aber sie findet es schön,
Fabiens Jacke anzuziehen.

„Du, Fabien, ich muss dir etwas sagen.
Ich ... ich kann nicht zurück ins Hotel.
Pete wird wohl noch dort sein.“

Nell hat Fabien inzwischen alles erzählt.
Von Pete und von der Amerikanerin.
„Eigentlich tut Pete mir ein bisschen leid“,
meint Fabien.
„Er fährt nach Paris, um dich zu treffen.
Und du läufst mit einem Franzosen davon.“
Nell grinst.
„Ich habe gar kein schlechtes Gewissen.

Ist das sehr schlimm?“, fragt sie.
„Du bist eine sehr grausame Frau“,
sagt Fabien lachend.

„Weißt du was, Nell?
Du könntest mit zu mir kommen“,
überlegt Fabien dann.
„Wo wohnst du denn?“, fragt Nell.
„Es ist nicht weit von hier“, antwortet Fabien.
„Ich habe aber nur ein Zimmer.
Und es ist nicht so schick wie im Hotel.“
„Also gut, ich komme mit“, entscheidet Nell.

Fabien wohnt ganz oben
in einem sehr schmalen Haus.
Schweigend gehen er und Nell hinauf.
Fabien flüstert:
„In den anderen Wohnungen leben ältere Damen.
Nach 22 Uhr darf ich keinen Lärm mehr machen.
Sonst klingeln die Damen am nächsten Morgen
ganz früh bei mir, um sich zu beschweren.
Aber das macht mir nichts aus“, erklärt er leise.
„Die Wohnung ist sehr günstig.
Das ist wichtiger.“

In Fabiens Zimmer steht ein Schreibtisch.
Es gibt ein großes Bett.
In einer Ecke steht ein Sofa.

An einer Wand hängt ein großer Spiegel.
Das Zimmer ist nicht aufgeräumt.

„Bitte entschuldige die Unordnung hier.
Ich habe nicht damit gerechnet, dass ...“,
entschuldigt Fabien sich.
„Deine Wohnung ist schön.
Es ist ... zauberhaft hier“, erwidert Nell.
„Zauberhaft?“, fragt Fabien.
„Es ... gefällt mir einfach“, meint Nell.
„Es sieht hier so aus, als würde alles
zu einer interessanten Geschichte gehören.“

Dann geht Fabien ins Bad.
Nell ist etwas erleichtert, als Fabien weg ist.
Sie fühlt sich merkwürdig.
Sie erkennt sich selbst nicht wieder.
Sie zieht Fabiens Jacke aus.
Dann zieht sie ihr Kleid gerade.

Langsam geht Nell durch den Raum bis ans Fenster.
Von hier aus kann man
auf die Dächer von Paris schauen.
Paris sieht so einladend aus, denkt Nell.

Dann geht Nell zum Schreibtisch.
Dort liegen mehrere Textseiten.
Es sind ein paar Seiten von Fabiens Roman.

Die Seiten, die Fabien wiedergefunden hat.
Neugierig nimmt Nell die Seiten in die Hand.
Sie sucht nach Wörtern, die sie versteht.

Als Fabien aus dem Bad kommt, sagt Nell:
„Bitte, lies mir vor, was du geschrieben hast".
„Nein. Es ist nicht gut.
Ich will das nicht vorlesen", erwidert Fabien.
„Nur diese Seiten. Bitte", fleht Nell.

Fabien merkt, dass Nell es ernst meint.
„Ich habe noch niemandem meinen Text gezeigt",
erklärt er.
„Dann solltest du es jetzt tun", sagt Nell.

Fabien gibt nach.
Er liest vor und fasst den Text dann
auf Englisch zusammen.
Nell soll schließlich verstehen,
was er geschrieben hat

Nach einer Weile hört Fabien mit dem Vorlesen auf.
„Du kannst jetzt nicht aufhören!",
beschwert Nell sich.
„Die nächsten Seiten fehlen aber", sagt Fabien.
„Und es ist sowieso egal.
Ich habe doch schon gesagt,
mein Roman ist nicht gut."

„Du kannst jetzt nicht aufhören“, wiederholt Nell.
„Du schreibst … großartig.
Und wie du diese Frau im Roman beschreibst.
Ihre Gefühle, und wie sie die Welt sieht.
Das ist toll.
Die Roman-Figur ähnelt mir, finde ich.
Sie ist …“
Nell beendet den Satz nicht.
Sie beugt sich näher zu Fabien.
Im nächsten Moment überrascht sie sich selbst.
Sie nimmt Fabiens Gesicht zwischen ihre Hände
und küsst ihn.

Da legt Fabien seine Arme um Nell
und zieht sie an sich.
„Du bist … wunderschön, Nell“,
flüstert er ihr ins Ohr.

Romantische Nacht

Fabien und Nell setzen sich aufs Sofa.
Sie schauen sich an und lächeln verliebt.

Irgendwann geht Nell ins Bad.
Sie schaut in den Spiegel.
Ihre Haare sind vollkommen durcheinander.
Die Schminke an ihren Augen ist verwischt.
Nell ist müde, aber sehr glücklich.

Als Nell zurückkommt,
liest Fabien gerade in ihrem Notizbuch.
Nell bleibt stehen und fragt:
„Was machst du da?"
„Was ist das?", fragt Fabien zurück.
Er zeigt auf Nells Liste:
Gründe dafür, heute Abend im Hotel zu bleiben.

„Bin ich etwa ein Mörder?
Könnte ich vielleicht nur Sex wollen?",
fragt Fabien erschrocken.
„Meine Liste war nicht für dich bestimmt", sagt Nell.
Sie ist knallrot geworden
und auch ein bisschen wütend.
„Das Notizbuch ist dir aus der Tasche gefallen",
erklärt Fabien.
„Ich habe es nur aufgehoben."

Nell fühlt sich schrecklich.
„Also, ich … ich bin nicht so locker, wie du glaubst“, sagt sie.
„Ich wäre heute Abend beinahe nicht gekommen.
Ich hatte Angst.
Ich habe dir etwas vorgemacht.
Es … es tut mir sehr leid.“

„Wer sagt denn, dass du nicht locker bist?“, fragt Fabien zärtlich.
„Du hast deinen Freund im Hotel allein gelassen.
Du hast fremde Männer angesprochen.
Du hast dich mit ihnen in ein Taxi gequetscht.
Du bist mir nachgefahren.
Du hast auf einem Tresen getanzt.
Oder etwa nicht?“

Nell und Fabien küssen sich innig.
Nach einer Weile sagt Fabien:
„Ich glaube, wir sollten jetzt mit dem Küssen aufhören.
Ich will ein guter Mann sein.
Du sollst nicht denken, ich wäre ein Mörder oder ein Sex-Monster.“

„Zu spät“, erwidert Nell und zieht Fabien vom Sofa.
Die zwei landen lachend im Bett.
Es wird eine wunderschöne Nacht für die beiden.

Am nächsten Morgen

Fabien wacht sehr früh auf.
Er fühlt sich merkwürdig.
Etwas ist anders als sonst.

Langsam erinnert Fabien sich.
Er erinnert sich an eine Frau,
die auf einem Tresen tanzte.
Mit dieser Frau ist er später
lange durch Paris spaziert.
Er erinnert sich an ihr Notizbuch
und an ihr niedliches Lächeln.
Und er spürt noch ihren Körper.

Dann hört Fabien, wie jemand duscht.
Er steht auf und zieht sich an.
Er schaltet die Kaffeemaschine an.
Er rennt aus dem Haus
und besorgt Croissants beim Bäcker.

Als Fabien zurückkehrt,
kommt Nell gerade aus dem Bad.
Sie hat das grüne Kleid vom Abend zuvor an.
Für einen Moment bleiben beide stehen.
Sie wissen nicht so recht, was sie sagen sollen.
„Ich bin schon … ziemlich spät dran",
sagt Nell schließlich.

„Ich muss zurück ins Hotel und dann zum Bahnhof."
Fabien schaut auf die Uhr.
„Stimmt", sagt er.
„Und ich muss bald zur Arbeit.
Hast du denn noch Zeit für einen Kaffee?", fragt er.
„Ich habe Croissants besorgt.
Ohne Kaffee und Croissant kannst du nicht
aus Paris wegfahren."
„Also gut", antwortet Nell.

Fabien und Nell sind beide ein bisschen verlegen.
In der Nacht schien alles so leicht und locker.
Dieses Gefühl ist jetzt weg.
Beide setzen sich wieder aufs Bett.

Nell nippt an ihrem Kaffee und schließt die Augen.
„Das tut gut", sagt sie.
„Ich glaube, heute Morgen schmeckt alles gut",
bemerkt Fabien.
Er ist sehr hungrig und isst mehr als die Hälfte
von den Croissants auf.
Als er das merkt, bietet er Nell ein Croissant an.
Doch sie will keins.

„Ich habe nachgedacht", sagt Fabien kauend.
„Ich habe eine Idee für eine neue Geschichte.
Es geht um eine Frau, die Listen erstellt."
„Oh, darüber solltest du nicht schreiben", sagt Nell.

Sie schaut Fabien von der Seite an.
„Wer würde denn so etwas glauben?“

„Es ist eine gute Geschichte“, meint Fabien.
„Die Frau im Roman überlegt immer alles
sehr genau.
Sie macht sich ein bisschen zu viele Sorgen.
Aber …“
Fabien stockt.

„Und was passiert mit der Frau?“, fragt Nell nach.
„Das weiß ich noch nicht so genau“, sagt Fabien.
„Die Frau verhält sich einfach anders als andere.“

„Bouf!“, ruft Nell aus.
Fabien grinst und leckt sich
einen Krümel vom Finger.
„Genau. Bouf!“, wiederholt er.

„Die Frau in deinem Buch sollte
sehr schön aussehen“, überlegt Nell laut.
„Ja, sie ist sehr schön“, meint Fabien.
„Und auch sehr sexy“, fügt er noch hinzu.

Fabien steckt Nell ein Stück Croissant in den Mund.
Im nächsten Augenblick küssen sie sich.
Und plötzlich denken sie nicht mehr
an Fabiens Arbeit und an Nells Abfahrt.

Abschied

Eine Stunde später verlassen
Nell und Fabien die Wohnung.
Fabien fährt Nell
mit seinem Motorroller zum Hotel.
Es ist Sonntag und nicht so viel Verkehr
auf den Straßen.
Ich werde zu spät zur Arbeit kommen, denkt Fabien.
Aber das ist nicht so schlimm, überlegt er.
Sonntags ist in dem Café am Vormittag noch
nicht viel los.

Nell löst ihre Arme von Fabiens Bauch
und steigt vom Motorroller.
Sie zieht den Helm vom Kopf und reicht ihn Fabien.
Sie gibt Fabien auch seine Jacke zurück.
Sie sieht sehr müde aus.
Am liebsten würde Fabien sie wieder
in den Arm nehmen.

„Frierst du auch nicht?“, fragt Fabien besorgt.
„Nein, heute ist mir überhaupt nicht kalt“,
antwortet Nell.
„Findest du allein zum Bahnhof?
Oder soll ich dich hinfahren?“
„Nein, du kommst sowieso schon zu spät zur Arbeit.
Ich werde es schon allein schaffen“, meint Nell.

Fabien weiß nicht, was er sagen soll.
Er nimmt seinen Helm ab und fährt sich unruhig mit der Hand über den Kopf.
Auch Nell ist unruhig.

„Also …“, sagt Nell schließlich.
„Ich hole jetzt besser meinen Koffer.“
„Kommst du klar? Mit diesem Pete?
Soll ich nicht doch besser mit reingehen?“, fragt Fabien.
„Oh, ich mache mir wegen Pete keine Sorgen“, sagt Nell.
Sie verzieht die Nase, als wäre Pete ihr vollkommen egal.
Fabien will am liebsten sofort Nells Nase küssen.
Aber er tut es nicht.

„Nell, werde ich … dich wiedersehen?“
„Ich weiß es nicht, Fabien.
Wir kennen uns ja gar nicht näher.
Und wir wohnen in verschiedenen Ländern“, sagt Nell.
„Das stimmt, leider“, sagt Fabien traurig.

„Aber wir hatten zusammen eine tolle, romantische Nacht in Paris.
Diese schöne Erinnerung kann uns niemand wegnehmen“, meint Nell.

„Außerdem hast du deine Arbeit, Fabien",
fährt Nell fort.
„Und du musst ein Buch schreiben.
Ich bin sehr gespannt darauf,
was aus dieser Frau mit den Listen wird."

„Meinst du wirklich?", fragt Fabien.
Dann stehen Nell und Fabien wieder nur da.
Sie finden es schwierig, Abschied zu nehmen.

„Diese Geschichte, die du da schreiben willst …
Wie geht die Geschichte eigentlich aus?",
fragt Nell dann noch einmal.
Fabien schaut Nell nachdenklich an und sagt:
„Ich weiß es wirklich nicht."

Nell zieht ihr Notizbuch aus der Tasche
und gibt es Fabien.
„Hier … für dich.
Als Anregung für dein Buch.
Ich glaube, ich brauche
mein Notizbuch nicht mehr."

Fabien schaut das Notizbuch an.
Auf der ersten Seite stehen Nells Adresse
und ihre Telefon-Nummer.
Sorgfältig verstaut er das Notizbuch in seiner Jacke.
Nell beugt sich vor und küsst Fabien ein letztes Mal.

„Gut. Wir werden also sehen, was passiert“, sagt Fabien.
„Ja. Ja, das werden wir“, sagt Nell.

Nell und Fabien schauen sich noch einmal tief in die Augen.
Dann setzt Fabien seinen Helm auf.
Er lässt seinen Motorroller aufheulen und fährt los.

Vor der Abfahrt

Nell geht ins Hotel.
Madame Pauline steht wie immer am Empfang.
Nell schämt sich ein bisschen.
Sie hat ja immer noch
das Kleid vom Abend zuvor an.
Aber sie lächelt einfach nur glücklich.

„Guten Morgen, Madame Pauline."
„Guten Morgen", grüßt Madame Pauline
fröhlich zurück.
„Ich hoffe, Sie hatten einen schönen Abend."

„Der Abend war wundervoll", sagt Nell.
„Paris ist ... viel schöner, als ich dachte."
Madame Pauline nickt und lächelt Nell an.

Nell holt tief Luft und schaut zur Treppe hinüber.
Sie ist unruhig.
Vor Fabien wollte sie es nicht zugeben.
Aber sie fürchtet sich davor, Pete wiederzusehen.

„Kann ich Ihnen helfen?", unterbricht
Madame Pauline die Überlegungen von Nell.
„Oh. Nein.
Ich ... ich muss einfach ins Zimmer gehen
und mit meinem Freund sprechen.

Er könnte … ein bisschen verärgert sein.
Immerhin bin ich gestern Abend
einfach abgehauen“, sagt Nell.

„Ihr Freund ist nicht mehr hier“,
bemerkt Madame Pauline.
„Nein?“, fragt Nell erstaunt.

„Wir haben hier gewisse Regeln“,
erklärt Madame Pauline.
„Wir dürfen niemanden ins Zimmer lassen,
der nicht gebucht hat.
Wir mussten Ihren Freund
deshalb leider wegschicken.“

„Hat mein Freund nicht in meinem Zimmer
übernachtet?“, fragt Nell.
„Nein. Wir haben ihn in ein Gästehaus geschickt.
Ich fürchte, darüber war Ihr Freund
nicht sehr glücklich.“

Nell schlägt sich die Hand vor den Mund.
Sie ist erleichtert.
Am liebsten würde sie jetzt laut loslachen.
Madame Pauline schmunzelt.

„Ich hoffe, es hat Ihnen bei uns gefallen“,
sagt Madame Pauline noch.

„Oh, ja."
Nell würde Madame Pauline
am liebsten umarmen.
„Ich danke Ihnen wirklich sehr.
Ihr Hotel hätte nicht … netter sein können",
sagt Nell.
„Das höre ich gern", freut sich Madame Pauline.

Eine SMS zum Schluss

Nell geht langsam nach oben,
um ihren Koffer zu holen.
Auf der Treppe schaltet sie ihr Handy ein.
Es sind viele SMS gekommen.
Die meisten SMS sind von Pete.
Nell löscht seine Nachrichten schnell.
Sie will keine schlechte Laune bekommen.
Nell beschließt:
Ich melde mich erst bei Pete,
wenn ich wieder in London bin.

Eine andere SMS liest Nell genauer.
Die SMS kam heute am frühen Morgen.
Da war Nell noch bei Fabien.
Die SMS stammt von Nells Freundin Magda.
Magda schreibt:

Pete hat Trish gestern Abend
eine merkwürdige SMS geschickt.
Wir haben keine Ahnung, was los ist.
Geht es dir gut?

Vor ihrem Zimmer bleibt Nell stehen.
Draußen hört sie Glocken läuten.
Sie hört, wie Menschen sich
auf Französisch unterhalten.

Sie erinnert sich an all die schönen Dinge,
die sie in Paris erlebt hat.
Sie fühlt, wie glücklich sie ist.

Nell atmet tief durch.
Dann lächelt sie und schreibt an Magda:

Das war das beste Wochenende,
das ich je erlebt habe.

Wörterliste

Seite 7: Seine
Die Seine ist ein Fluss in Nordfrankreich. Er ist über 700 Kilometer lang. Die Seine fließt durch Paris. Verliebte treffen sich gern an dem weltberühmten Flussufer.

Seite 8: Sorry, Babe
„Sorry" ist englisch für „Entschuldigung". „Babe" ist die Kurzform für „Baby" und ein Kosename für eine Freundin.

Seite 10: Eurotunnel
Der Eurotunnel verbindet Großbritannien mit Frankreich. Der Tunnel ist ungefähr 50 Kilometer lang und führt unter dem Meer durch. Im Eurotunnel fahren nur Züge.

Seite 10: Seebad
Ferien-Ort an der Küste

Seite 11: Loser
englischer Ausdruck für „Verlierer"

Seite 12: Rue de Rivoli
Die Rue de Rivoli ist eine bekannte Straße in Paris. Hier gibt es viele Läden mit Reise-Andenken.

Seite 12: Eiffelturm
berühmtes Bauwerk in Paris, ein Turm aus Stahl

Seite 12: Croissant
Ein Croissant ist ein luftig gebackenes Hörnchen. Es gehört zu einem typisch französischen Frühstück.

Seite 17: Madame
französische Anrede für eine Frau

Seite 27: Tresen
Tresen ist ein anderes Wort für Theke. Am Tresen werden Getränke ausgeschenkt.

Seite 29: Merci
französischer Begriff für „Danke"

Seite 42: Frida Kahlo
Eine Malerin aus Mexiko. Sie lebte von 1907 bis 1954. Frida Kahlo malte verschiedene Bilder. Zum Beispiel Bilder von sich selbst. Frida Kahlo war mit Diego Rivera verheiratet.

Seite 42: Diego Rivera
Ein Maler aus Mexiko. Er lebte von 1886 bis 1957. Diego Rivera malte große, farbige Bilder. Er war ein politischer Künstler. Er und Frida Kahlo waren verheiratet.

Seite 48: bouf
französischer Ausdruck, ungefähr wie „zack" oder „hoppla"

Seite 57: Champs Élysées
Das ist eine sehr prachtvolle Straße in Paris. Sie ist 70 Meter breit und fast zwei Kilometer lang. An der Champs Élysées gibt es viele Geschäfte, Restaurants, Cafés, Kinos und Banken.

Seite 61: Tequila
Ein alkoholisches Getränk aus Mexiko. Traditionell bekommt man eine Zitronen-Scheibe dazu. Diese schlürft man aus, danach trinkt man schnell den Tequila hinterher.

Seite 62: Charles Dickens
Ein berühmter Schriftsteller aus England. Er lebte von 1812 bis 1870. Er hat viele Romane geschrieben. Besonders bekannt sind „David Copperfield" und „Oliver Twist".

Seite 69: Chat Sauvage
In diesem Buch ist *Chat Sauvage* der Name für eine Bar. *Chat Sauvage* heißt übersetzt Wildkatze.